조금 나이 많은 시집

김지원서
Application Kim

그림 그리고 글 쓰고 행위를 합니다.
일과 중 누워서 빈둥거리며 보내는 시간이 아주 많아요.
그래도 왜인지 항상 바쁩니다.

조금 나이 많은 시집 의 시들은
탑골 노인들의 솔직한 일상 대화에서부터 탄생하였습니다.
그렇기 때문에 때에 따라 문법에 어긋난 표현이 있을 수 있습니다.
부디 애정 어린 마음으로 읽어주세요.

각 대화의 인칭은 글씨체와 행 나눔으로 구분하여 표현했습니다.

소리를 내어 직접 대화하듯 시집을 읽어보셔도 좋습니다.

조금 나이 많은 시집

그저 모이기

사는 맛
지방 말고 지방
그러면 된 거지
안부 인사
나는 복이 많다
감자탕의 생명
두 가지 평행선 대화
정말 말실수한 거야
할아버지의 양심
그들의 사랑

가장 가치 있는 돈은?

자연스럽게 자랑을 시작하는 방법

천원에 복 사가셔

가장 가치 있는 돈은?

부자 친구 1

부자 친구 2

부자 친구 3

우리 아버지가 그랬어

복권

돈 버는 방법

국밥집에서 엿들은 대화

'라떼'와 라떼 한 잔

꼰대

호랑이 담배 피우던 시절에는

해적

고생을 많이 한 황태

무시하지마

어르신의 욕

마음에 드는 놈이 없어

한 수 두겠습니다

실력

장고 끝에 악수

속 좁은 바둑기사

걱정하지 마세요

장기 고수와 약 올리기 고수

고수들

잔소리는 돈 줘

모두가 이해할 법한 이야기

그의 불만

아는 영감 이야기

좋은 거

국가 유공자

죄인

에러 사항

거짓말. 눈까리 빠졌댔잖아요

무제

진심으로

그냥 살아

+ 자연스럽게 친구가 되는 자리

그저 모이기

사는 맛

그 사람 딴 건 모르겠는데
거 뭐 강남에 땅 있다는 얘기는 그짓말이야
이야기할 때마다 말이 바뀌는 그거는 그짓말이야

강남에 빌딩 하나 있다고 하다가 두 개 있다 하다가
강남은 모르겠고 영종도 쪽에 삼십 층 짜리 빌딩이 있다고
하, 참 흐흐

야 그런 맛으로 사는 거여
그짓말 하고 자랑하는 맛으로 사는 거여

지방 말고 지방

아유 진짜 운전면허증이라도 땄으면
똥차라도 사갖구 아무 데나 돌아다니는 건데
그러면 차암 좋은데

집 안에만 있는게 난 젤 좋던데
서울 말구! 지방에서 지 방에만 있는 게 젤 좋아

그러면 된 거지

위에 이가 몇 개 있는데?
솔직히 얘기해 솔직하게

3개.

3개?
많네 이놈아
굶어먹을 수 있으면 된 거지

안부 인사

아이고 누군가 했네
웬일이야 못 알아봤네
행색을 보니까 차려입느라고 늦게 나왔나 본데?
뭐 했어?

겨울잠 자다가 나왔지

나는 복이 많다

아가씨 이야기 한 번 듣고 가세요
복이 많은데

잠깐 시간 좀 돼요? 복이 많으시네요

감자탕의 생명

아이 아줌마 감자탕에 감자가 하나밖에 없어
감자탕인데 감자가 요만한 거 하나만 있어
이게 생명인데
아무리 아낀다고 하더라도 세 개는 들어가야지
어쩌자고 하나만 있어

아이 가만히 있어봐 이 사람아
감자가 고기야 고기

이거 봐 감자탕인데 감자가 없잖아
'우거지 감자탕' 적혀있잖아

두 가지 평행선 대화

야 창덕이 엄마는 어쩜 그렇게 늙었냐?
완전 그냥. 쪼글쪼글
못 본 사이에 뭐가 그렇게 변했대
그간 두 살밖에 더 안 먹었는데

아 근데 창덕이 걔가 사람 참 괜찮더라고

하기야 나이를 많이 먹긴 했지
하이고 고생을 많이 했나

창덕이가 육사 출신이던가?

어휴 어차피 같이 늙는 처지인데

어깨도 굵직하고 다부져
창덕이 참 멋져

정말 말실수한 거야

우리 집사람은 요양 병원에 있어
한 달에 150만 원이 들어가

아이 엄청 부자네
부인은 지금 나이가 몇이야?

80은 넘었어

무슨 소리야 칠십 다섯 아니야?
나보다 적었던 걸로 기억하는데
지 부인 나이도 몰라 허

…
말실수한 거야

할아버지의 양심

여기 할아버지 찍어줘요. 이 할아버지

-

어이 할아버지 아니고 오빠야!

그들의 사랑

좀 깎아줘

오빠!
나 그럼 도망갈거야

가장 가치 있는 돈은?

자연스럽게 자랑을 시작하는 방법

거 사진이 없으면은!
모든 말이 그짓말이 되어버려
여기 보시오. 사진 봐봐

내 말이야
60년도에 내가 말을 가지고 있었어
내가 말을 몰면 자가용 100킬로를 타는 것보다 낫지
나는 안 해본 거 없어~ 허허허

하하하하
내가 지었던 집. 100평이여
15층으로 지었어. 신사동에

봐봐 사진이 다 있잖아!

천원에 복 사가셔

지갑 이거 이천 원 줬어
근데 이거 암만 이천 원 줬다고 하더라도
나는 만들어 접어 쓰는 거 보다 못해

아이고 형님 이거 지갑 이천 원 줬는데
천 원만 주소
복 들어온다고 생각하고 천 원에 갖고 가셔

가장 가치 있는 돈은?

아 자판기에서 음료든 뭐든 하나 빼먹어야 하는데
천 원짜리가 없는 거야
오천 원짜리 넣었드니 다 뱉드라고
세 번인가 넣었는데 다 뱉어버려

에라이 커피값은 갖고 있네

야 천 원짜리가,
 젤 젤 젤 젤 가치 있는 게 천 원짜리여
지하철에서 오천 원짜리 갖고 있어봐 아무 쓸모 없어

부자 친구 1

여기 보니까 황 사장님 주머니에는 돈이 좀 있을 거 같고
나머지 분들은 돈 좀 없지?

아이고~ 잘 아네
사람 보는 눈이 있어

눈으로 볼 적에 이 사람은 주머니가 좀 얇다,
이 사람은 주머니가 좀 두껍겠다,
이건 지나간 세월 눈칫밥으로 아는 거지

좋겠다 그래. 잘 알아서

부자 친구 2

너는 은행보다 더 많이 갖고 있지?

은행보다 더 많이 가지는 건 얼마나 가지고 있는 거야?

그건 그렇고, 황 씨가 커피값을 잘 내서 좋아

기분이다
 커피 사줄게
커피 먹을 사람은 따라와

부자 친구 3

야아~!

거기 할 일 없는데 모여있지 말고
황 씨가 커피 사준다니까 다들 부지런히 따라와
!

우리 아버지가 그랬어

너 함부로 자꾸 돈 빌려주지 마!
없는 사람한테 돈 빌려주면 못 받아
너 이제 돈 못 받겠네 그려

아니야 우리 아버지가 도와주면서 살라고 그랬어
도와주면 다 돌려받아

복권

천억 만억 백억 다음에 조여
조, 경.
일조 이조 십조 다음에 경

내 옆에 사는 박씨가 복권을 샀는데 당첨이 됐어
미국은 야. 복권 사면 백조를 받는단다?
근데 그것이, 당첨이 돼가지고 제대로 사는 사람이 얼마 없어
관리를 못해
쉽게 버는 돈은 쉽게 나가는 법이야
돈 벌면 젤 먼저 하는 것이 술집이야 술집

나도 그런 생각을 해
내가 복권을 사가지고 당첨이 됐다,
그럼 내 맘이 전이랑 같냐 이거야

그래요 형님
그냥 있는 거 잘 지키기나 해

돈 버는 방법

아는 게 많으면 돈을 못 벌어
무대뽀로 들어가야지 돈을 벌지
따질 거 다 따지면은 할 게 없다니까

막 사는 게 돈 버는 방법이야!

국밥집에서 엿들은 대화

85살 되면 틀니 다시 해야 하는데 어떻게 할지 문제야
그때 되면 국민 보험이 또 어떻게 되려나
치과 가서 한번 물어봐야지
돈이 한도 끝도 없이 들어
환장하겠네
잠원 ic에 있을 때는 하루 종일 술 먹었는데.
그땐 너무 먹었어
김영우 그 새끼 때문에 많이 먹었지
김영우였나 김영수였나 이제 기억력도 가물가물해졌어
김영수 그 새낀 나한테 바가지 씌우려고 노력 많이 했지
아 시발 잠원역에서 강남역으로 오라고 해서
같이 술 먹자고 해서 갔더니 술 한참 마시고
카드 안 들고 왔다고 하는 거야 시발 작정하고 온 거야
지가 산다고 했으면서 에이 카드 다 들고 왔으면서
갑자기 카드 안 들고 왔다고 지랄
그때 와이프한테 전화해서 뭐라 하려다가 그냥 내가 냈지
시간 날 때 술 사주겠다고 하면서 맨날 뜯어낼 궁리만 했지
나는 이제 그 새끼 기억에서 지워버리려고 해

그 고물 사서 오시는 분 있었잖아 고물장수
그 집에도 가구 있는거 다 팔아먹고
지 집도 아닌데
가구 있는거 비싼 거 다 뜯어갔지
한전 병원인가 한일 병원인가 그쪽으로 또 이사 갔더라고
신풍역인가 그쪽으로 이사 갔을거야 이젠

소주 한 병만 더 주세요

하여튼
아니, 내가 실비 보험을 들었는데

아 난 작년 말인가 해지했어

해지를 했어?

어휴 보험 가격은 매년 올라가
그 뭐냐 자동차 보험은 또 어떻고

아니 내가 나이가 올해 80 먹어가지고
대장 수술을 하려고 했는데 5월에 입원을 해야 한대

근데 아니 간병인을 해야 한대
간병인은 무슨
우리 나이에 치매없으면 다행이지

술도 안 먹으면서 한 병을 더 시켰어?

같이 먹으려고 시켰어
하여튼 내가 보험료를 얼마나 많이 내는지
아주 돈지랄이야 돈지랄

나 그 왜 전에 아스팔트 쭉 있는 곳에서
미끄러졌잖아? 넘어져가지고 쭉 피부를 갈았는데
그런 것도 보험 못 받았다 이거야
크게 다쳐야 보험료를 받지 다쳐야

신유는 요즘 뭐해?

신유 다섯 살이야
신유 네시에 어린이집 끝나면 집에 오지

봐주는 사람은 있나?

없어
맡길 데 없어
네시에 오면 나랑 부인이랑 보지
아주 힘들어

아이고 시아비 시어미 힘들겠네

그래도 백만 원정도 주고 맡기니까 좋지

행복의 집 해, 행복의 집
그거 일주일에 세 번 해서 80만 원
빨간날은 쉬고
대신 21만 원은 무조건 내야 해
근데 큰 애가 다섯 살밖에 안됐어?

아 작은 애가 먼저 갔어
작은 애가 먼저 결혼하고
작은 애네는 큰 애가 국민학교 사 학년

아 그렇지 그렇지

'라떼'와 라떼 한 잔

꼰대

그래서, 학교는 어디 다녀?

서울여자대학교요.

오! 공부 잘했네
앗차차 내가 이렇게 말하니까 꼭 김대희 같아
아무렇게나 말해도
이제는 꼰대가 말하는 것 같은 기분이 들어

호랑이 담배 피우던 시절에는

젊은 시절에는 뭘 해도 됐어
여자도 몇 명 만났어
지금은 얼굴이 다 타버렸지만…

그때 그 시절에만 살지 말아
무슨 호랑이 담배 피우던 시절 이야기야?

해적

내가 부산 해고를 나왔어
해고를 나와가지고
부산 해대를 나왔어
해적이 되고 싶어가지고 해고를 나왔어 허허허

우리 집사람은 아직도 내 원망을 해
당신 성격은 돈 버는 성격은 아녀
자식들 고생시키는 성격이지
이러더라고

그래 내 성격은 해적이 딱 맞아

고생을 많이 한 황태

입이 심심한께
이거나 씨입-어 버려야지

뭐여 이게

황태! 입 심심할 때 이거 씹어먹음 좋아
근데 드럽게 비싸지
요만한 게 드럽게 비싸
난 요거 없으면 큰일 나는데

이 황태가, 고생을 많이 해서 맛있어

무시하지마

야 내가 3월 28일에 만나자고 했는데 왜 말이 없었어

야 너 말 잘했다
것보다 너. 나를 자문 위원장을 시켜줬으면
자문 위원장 말을 들어줘야지 왜 무시를 하냐?
너 왜 나를 무시하냐 이 말이야

내가 언제 무시를 해
나는 우리 62기가 좆 될까 봐 하는 말이야
좆 될까 봐

62기 안 좆 된다
무슨 말을 그렇게 해

어르신의 욕

나한테 다른 말 하지 말고 너 죽은 날만 딱 얘기해

됐어
긴말하지 마
죽은 날만 이야기해

마음에 드는 놈이 없어

그때는 내가 암에 걸리면 돈 백 만원을 줬어
감기에 걸려도 문제가 없었어. 돈을 줘서
왜냐면 나는 국가 유공자이기 때문에
그때는 감기만 걸려도 이백만 원 이상씩 타 먹었어
김대중이가 그렇게 했어
근데 또 돈을 퍼부어가지고 아휴...
생각하니까 속이 뒤집어지네

아 그래서 잘했다는거야 못했다는 거야?

한 수 두겠습니다

실력

장기고 바둑이고
오만 원, 십만 원 따는 사람들은 실력이 있는 사람들이야
실력이 있으니까 그렇게 돈을 따먹지

아우 그렇게 백만 원 정도 벌면 배가 터지겠다

아이 근데
나도 오백만 원 벌 지 천만 원 벌 지 어떻게 알아?
나 백만 원 따면 너 배 터지게해줄게

얼래
어떻게 알고 그렇게 자신만만해?
그것말 하네. 지 혼자 쏙 다 먹을 거면서

아이 여기 하루 안 나오면 난 기분이 안난다 흐흐흐
나는 부자 될 생각으로 매일 여기 나온다

아서라 거짓말 하는 것도 실력이 있어야 하는 거야

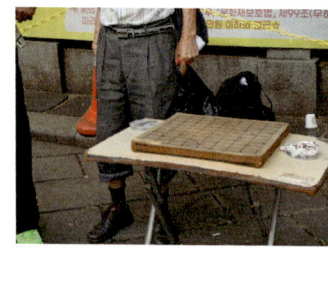

장고 끝에 탈골

해 떨어지겠네!
장고 끝에 해 떨어져 알아?
하이고 그러다가 죽겠네

야
나 죽을 땐 내가 알지 니가 어떻게 알어?

속 좁은 바둑기사

어허 알맹이에 속이 없네~?

어, 속없다 하지 말어?
내가 속이 얼마나 깊은데
…
말 한 번 놨으면 옮기지 말어
그냥 그대로 냅둬
꼴 보기 싫으니까!

걱정하지 마세요. 살가운 표현이에요

어딜 건드려도 죽어 잘 생각하고 둬

아이 씨발 죽을래?

야 말에서 손 떼 이 더러운 놈아
너랑 다시는 커피 안 먹어

장기 고수와 약 올리기 고수

많이 컸네

무자게 큰 거죠

장기를 왜 그렇게 어렵게 둬?
날 봐. 그냥 가는 대로 두는 거지

오늘 와이리 잘하노?
내가 지겠는데?
집 가기 전에 내 한 번 이기고 가겠는데?

너무 약 올리지 말고 해요
지는 사람 슬퍼

고수들

아가씨 여기로 와
이거 구경해
여기가 더 재밌어

여기는 프로야
저기 푼수들이랑은 달라
소리부터 조용~하잖아

여기 보면 담배 피우는 사람하고, 앞에서 두는 사람
옆에 키 작고 파란 옷 입은 사람이 잘 둬
양복 입은 저 사람은 기원 회장님이고

나는 일 년 동안 와서 구경하고 있는데,
그래도 직접 두는 건 엄두도 못 내
다들 너무 잘 둬

엄청난 고수들이야

잔소리는 돈 줘

잘 가다가 삼천포로 빠져버렸네?
아따 잘하다가 먹혀부렀어
진 걸 계속 가지고 있으면 뭐 해

자꾸 훈수 둘래?
구경은 공짜!
잔소리는 돈 줘

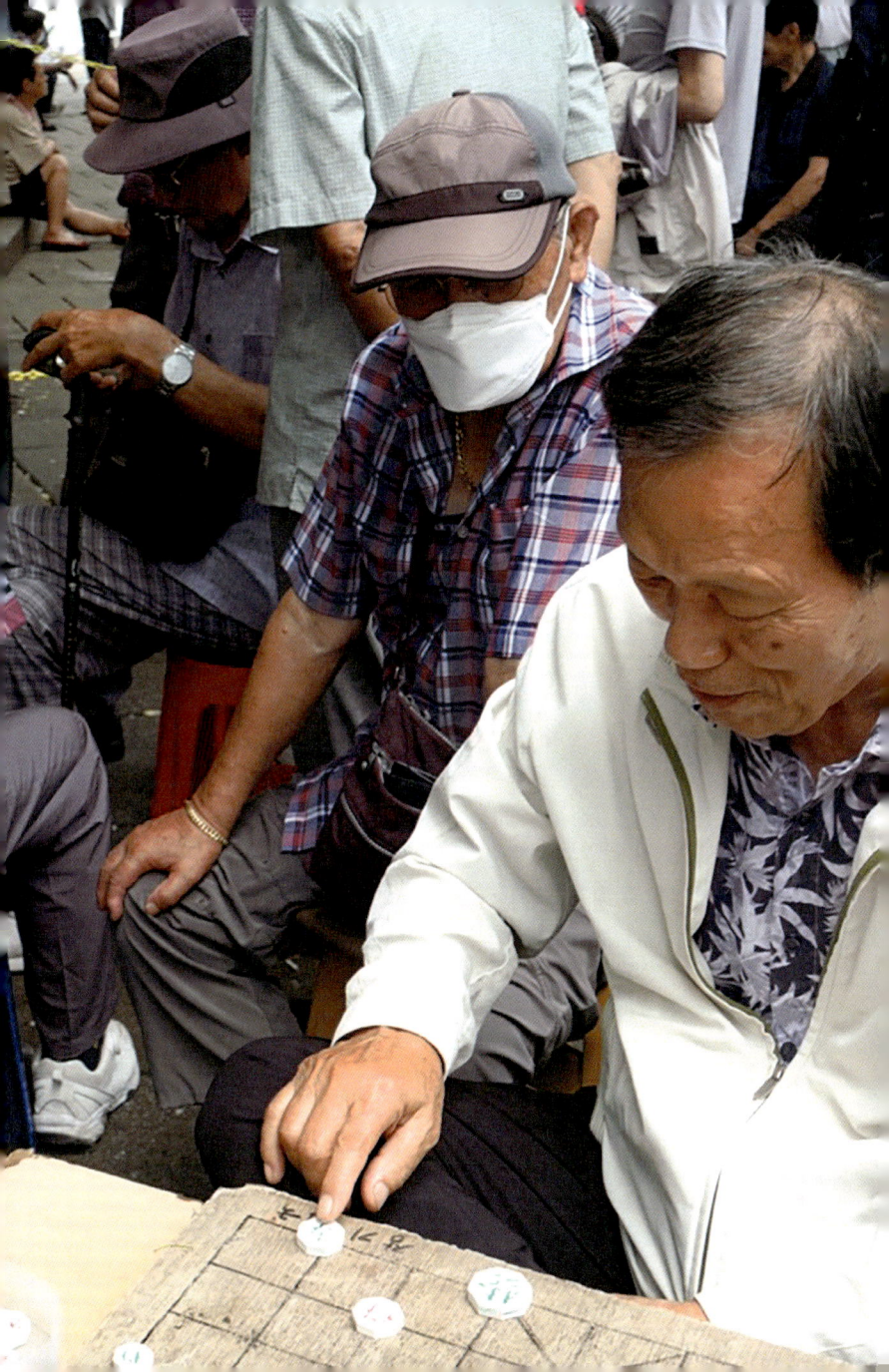

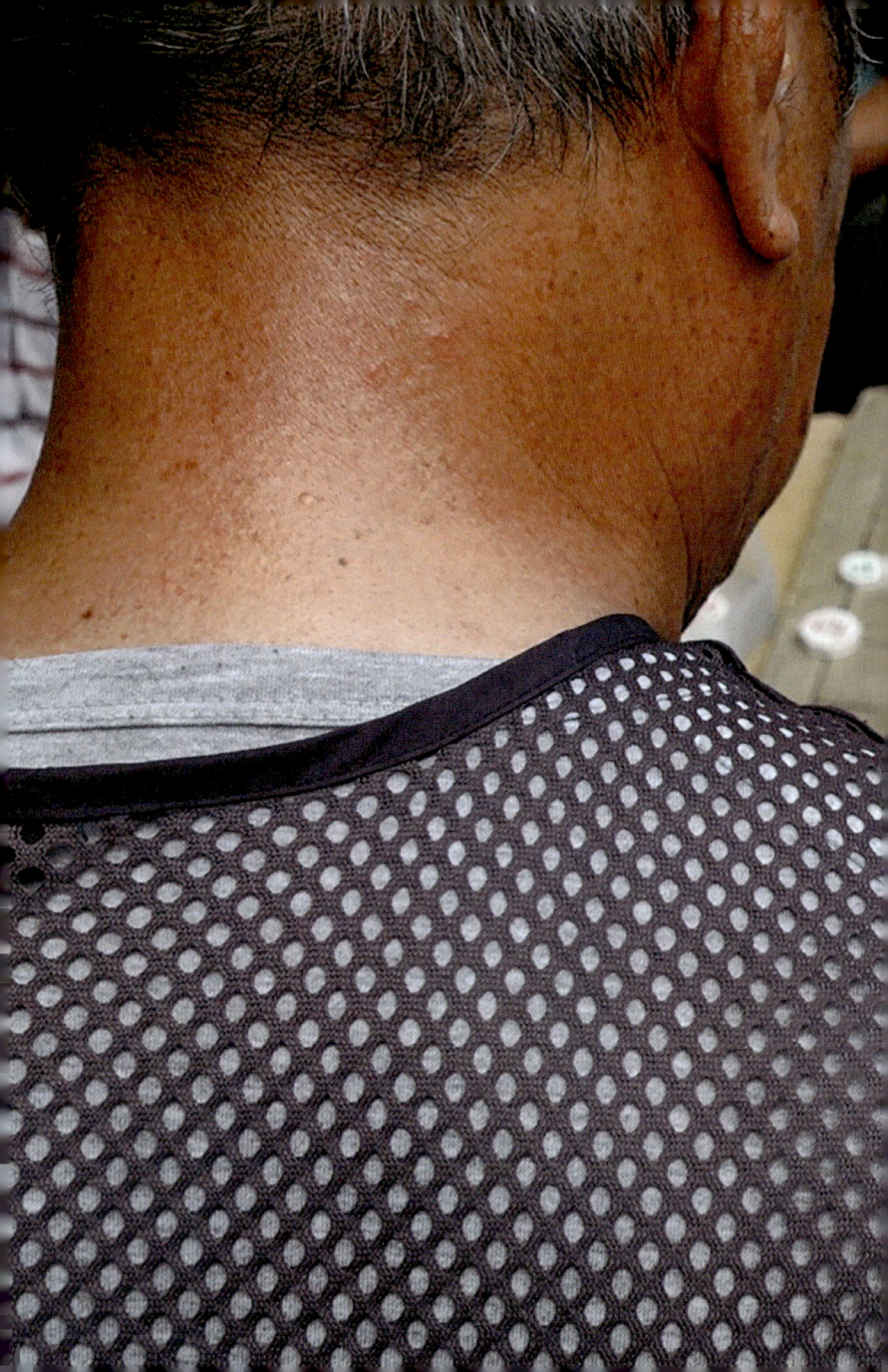

모두가 이해할 법한 이야기

그의 불만

내가 불만이 뭐냐
내 주위에 있는 사람들이 다 죽었어
10분의 1이 죽었어

됐고 몇 명이야 여섯 명이야?
소변 누러 갔다 올 테니까 커피 먹을라면 지금 가셔

아는 영감 이야기

내가 아는 영감 이야기 해줄게.
태릉에~ 바로 그 앞에 서울여대있고...
어디더라 거기가 숲이 싼데

뭐가 싸, 비싸지 그 사관학교

아 맞아 사관학교.
사관학교 나와가지고 월남에서 가버렸지

대령까지 따가지고 아이고 아깝네

폭탄에 너무 많이 걸려가지고 손도 못 쓰고 갔어

아이고 영감님 안타까워라
몇 살 났는데?

당시에 몇 살 안 됐어
서른다섯이었지

좋은거

신발이 다 떨어졌네 이게 뭐야
돈도 많은데 새로 사
바보야

왜 머리를 쳐 기분 나쁘게

아이고 미안혀
좋은 거 사 신으라고
이제 좋게 누리면서 사는 거 할 때 됐잖아

국가유공자

내가 국가 유공자야
월남전 참전했어

월남 어디 갔다 왔어?

여러 군데 다 갔지
거기 가서 뒤진 놈들이 얼만데
다 반은 뒈졌어

나 같은 사람이 국가 유공자지
아무나 다 유공자냐?

증언

제가 세 살 됩니다

그러세요? 그렇게 안 보입니다

구십이 넘었습니다. 제가

그러세요?

보통 집사람이 더 오래 사는데 저는 제가 더 오래 살았어요
제가 참 죄인입니다

애로사항

내가 월남도 갔다 오고 사우디도 갔다 오고
그래서 그걸로 연금 집세가 좀 나와

영감님도 애로가 많았구나~

에휴 그거 땜에 맨날 술 퍼마셨지
젊었을 때 돈을 좀 벌어놓고, 공무원 생활도 하고
그래서 버티는 거지

야 이놈아 매달 150 주려고하면 눈까리가 빠진다!

거짓말하지 마세요 눈까리 빠진댔으면서

다들 커피 드세요?

왜? 사달라고?

아뇨 아뇨
제가 사드리려구요

학생 무슨 내가 사줘야지

제가 사드릴게요

에이 무슨
내가 사줘야지 따라와
됐어 마음만 받을게
이렇게 이야기 들어주는 것만으로 고맙지
따라와 내가 돈 여기 천진데,
나이 들어서 쓸 돈도 없어

무제

더운 것도 더운 거지만 난 추운 걸 못 참겠어
살이 빠져서 그래
아우 어제도 추위를 못 참아서 죽겠더라고
지방이 빠져서 그래

예전에는 찬물을 안 먹었거든? 미지근한 물만 먹었어
찬물이 그렇게 안 좋대
그런데 요즘은 새벽에 찬물만 먹는다?
그리고 자꾸 쥐가 나.
추워서 손을 덜덜 떨었더니 다들 날 보고 미쳤다고 하더라고

나 어쩌냐
정말 무서워

진심으로

너 장영복이 아나?
아까 영복이한테 전화해서 공원으로 오라고 했더니
못 걷는다 하더라고

아 모르는구나? 영복이라고 역전하던 애 있어
걔가 너보다 한 해 많아
영복이 지금 걷지도 못해

안산에 있어 안산
코로난가 오기 전에는 한 달에 한 번씩 안산에 갔었어

뭐? 홍주?

홍주 죽었잖아
작년에

그건 잘 모르겠어
아 작년에 죽었어
어

걔 그 저 뭐 쓰러져가지고
그 통뼈 있지? 그게 깨져가지고 죽었어

어~어
그래그래
어 그래

암튼 건강하고 잘 있어
잘 있으라고 전화했어

고마워

그냥 살아

나는 아플 때가 됐지
나이가 구십이 넘었는데

죽을 때가 됐어

사람은 멀리서 보면 다 거기서 거기야
아주 없으면 그런대로 살면 되고
사는 게 뭐 있나

오래 살아봤자 좋은 게 없어
그런대로 만족하며 살아
그게 현명해

자연스럽게 친구가 되는 자리

1.

 노인과 관련된 작업을 해야겠다는 생각을 아주 오랫동안 했다. 어떤 목적을 가지고 작업을 해야 할지, 어떤 방향으로 풀어나갈지, 왜 꼭 이 주제에 관해 이야기하고 싶은지에 대한 이유를 정확히 설명할 수 없으나 단지 언젠가 노인과 관련된 작업을 꼭 해야겠다는 마음이 있었다.

이유를 굳이 찾자면 나의 조부모님 덕분인 것 같다.

나는 어릴 적 외할머니 손에 자랐다.
평소 잠들기 전 할머니는 내 옆에 나란히 누워 옛날이야기를 해주셨다. 산에서 호랑이를 만난 적이 있다는 증조할아버지의 이야기를 해주셨고, 소꿉친구와 "내일 또 보자"라는 인사를 마지막으로 새벽에 짐을 챙겨 남쪽으로 피난 왔다는 이야기도 해주셨다.
6.25 전쟁 당시 13살이었다는 할머니에게 듣는 전쟁 이야기는 너무나 생생했다.
저녁에 밤거리를 다니면 발에 걸리는 것이 모두 사람 시체인 것 같아 눈을 꼭 감고 달렸다는 이야기, 시끄럽고 빠른 비행기를 넋이 나가도록 구경하고 있으면 곧 하늘에서 폭탄이 떨어졌다는 이야기, 피난 당시 다른 건 다 참아도 골격만 남은 무너진 다리를 건너는 일은 절대 못 하겠더라는 이야기 등등.
역사 교과서나 동화책에서 문자로만 접하던 내용을 침대에 편안히 누워 따뜻한 음성으로 듣고는 했다.

-

 우리 친할머니는 아파트 근처에서 취미로 주말농장을 운영하고 계신다. 할머니는 얼마 전까지만 하더라도 시골에서 직접 농사를 지으셨다. 할머니의 농장 바로 옆에서는 젊은 부부가 밭을 가꾸고 있다. 상추와 배추 같은 농작물을 간단히 기르고 있는데 인터넷으로 찾아본 농법이 밭의 흙과는 잘 맞지 않아서 고생했다고 한다. 지켜보던 할머니가 경험에서 우러나온 방법으로 여러 가지 조언을 해주셨다고 한다.

나는 조부모님들을 보면서 시간이 흘러가고 있다는 사실을 직접적으로 느끼곤 한다. 실제로 일어났던 일들과 직접 경험했던 일들은 시간이 지나면 흐려지기 마련이다.

그 사이 세상은 변화하고 누군가의 일상은 언젠가 결국 텍스트를 통해 간접적으로 경험하게 되는 일이 되어버린다.

30년 후에 내가 농사를 짓는다면, 그때도 나에게 농사하는 법을 생생하게 알려줄 수 있는 사람이 주변에 있을까?

시간이 흐르고 세대가 바뀌면 직접 경험하고 있는 너무나 평범한 일상이 역사와 문화라는 이름으로 화석화된다고 느낀다. 나는 그게 굉장히 아쉽고 슬프게 느껴졌다.

이러한 생각을 바탕으로 동시대에 살고 있는 노인들의 모습을 기록으로 남기고 싶다고 생각했다. 가능한 범위 내에서 동시대 노인들이 나누는 대화, 입는 옷, 먹는 음식 등등 내가 직접 경험하고 관찰해 기록해 보고 싶다는 욕심이 있었다. 그렇지만 내가 그들의 삶에 직접적으로 개입한다거나, 억지로 세대 간의 화합을 만들어 내는 긍정적 효과까지 기대한 것은 아니다. 그저 관찰하며 빠르게 흘러가는 시간 속에서 동시대 노인들의 모습 그대로를 기록하는 것만으로 의미가 있다고 생각했다.

그렇게 2024년 3월부터 매주 탑골 공원에 가기 시작했다.

2.

관찰 장소를 탑골 공원으로 정하게 된 이유는 탑골 공원의 위치적 특징 때문이다. 탑골 공원은 서울특별시 종로구 종로2가에 위치한 공원이다. 우리나라 최초의 근대 공원이며 3.1 운동이 일어난 장소라는 역사적 의미가 있는 곳이기도 하다. 이곳에 전국 각지에서 온 노인 분들이 모여 시간을 보내고, 소통하며 그들만의 단단한 커뮤니티를 이루고 있다는 사실이 독특하고 신기했다.

탑골 공원은 바로 가까이에 익선동 한옥마을을 마주하고 있다. 젊은 사람들이 많이 방문하는 관광 장소인 안국, 북촌, 을지로 등과도 매우 근접해 있다. 최근에는 종로3가의 포장마차들이 값싸고 맛있다고 소문이 나, 탑골 공원 뒷문 근방으로도 젊은이들이 많이 지나다닌다.
그러나 탑골 공원이라는 특정한 공간 안에서 각 세대가 서로 마주함에도 불구하고 각 두 세대가 전혀, 절대로 어떤 행위를 함께 하며 섞이지 않는다는 모습이 또한 흥미로웠다.

공원에서 익선동 한옥마을 입구로 이어지는 골목이 있다.
이 골목 입구에 바로 맞붙어 존재하는 카페 두 곳의 모습이
웃기다. 왼편의 카페는 커피가 이천원이고 어르신들이 많다.
오른편 카페는 아메리카노 사천오백원이고 젊은 사람들이
대부분이다.

나는 작업을 통해 노인 세대의 모습을 관찰하여 그들이 하는 생각과 지식, 또는 겪어온 역사를 다음 세대인 우리에게 알려줄 수 있는 '전달자' 역할이 되고 싶었다. 큰 의미에서 보면 이것을 '소통'이라고 할 수 있을 것 같다.

3.

처음 탑골에 갔던 날, 내가 노인 분들의 모습을 생생하고 객관적으로 관찰할 수 있을지, 과연 내가 이 속에 자연스럽게 속할 수 있을지에 대한 걱정을 많이 했다. 정돈되지 않은 탑골 거리 일대에서 뿜어져 나오는 야생의 분위기에 압도당했기 때문이다. 거리는 더럽고 노숙자들이 많았다.
대낮에 술병을 끌어안고 길바닥에서 주무시는 노인 분들이 한둘이 아니었다.

거리의 사진을 찍는 것조차 눈치가 보여서 찰칵 소리가 나지 않는 카메라 어플을 다운받아 몰래몰래 거리 풍경 사진을 찍었다. 내가 평소에 길가에서 흔히 보던 노인들의 모습, 그리고 내가 예상하던 탑골 노인의 모습과 실제 탑골에 사는 노인들의 모습 사이에는 생각보다 큰 괴리가 있었다. 그렇기에 당시 그 순간에는 그들을 솔직하게 어떤 관점으로 바라보아야 할지에 대해서도 의문이 생겼던 것 같다.

내가 남들에게 보여주고자 하는 작업의 주제와 방향성을 확실히 정해야 할 필요성이 있겠다는 생각에 막막해진 상태로 근처 돼지국밥집에서 혼자 밥을 먹고 있었다. 그러던 중 옆 테이블에서 식사하시던 어르신 두 분이 나누는 이야기를 자연스럽게 흘려듣게 되었다.

 두 분은 소주를 한 잔씩 걸치며 걸걸하게 나라 욕을 하셨고 돈이야기를 하며 미래를 걱정하기도 하셨다. 옛날 일을 회상하며 친구의 욕을 하다가 손자 손녀 이야기를 하며 얼굴에 얇게 미소를 띠기도 했다.

짧은 대화를 엿들은 것이었지만, 그 순간 그들의 일상이 눈앞에 그려지면서 생판 남인 옆 테이블 할아버지들과 부쩍 가까워진 듯한 기분을 느꼈다.

누군가를 가장 잘 이해하기 위해서는 그들이 평소에 하는 이야기를 잘 듣는 것만큼 확실한 방법이 없다고 생각한다.

그 이후로 나와 전혀 다른 나이, 성별, 성격, 경험 등을 가지고 있는 탑골의 노인들을 이해하기 위하여 탑골에서 들리는 이야기들을 귀 기울여 듣고 포착하여 기록하기 시작했다.

4.

처음으로 탑골에서 친구를 사귀었다.

이날도 어김없이 탑골의 기에 눌려 혼자 거리를 배회하다가 누군가 뭐라고 하면 외국인인 척하며 도망갈 생각으로 장기 두고 계시는 할아버지들의 모습을 촬영하고 있었다.

그러던 중 어떤 어르신께서 나에게 장기 둘 줄 아냐고 말을 거셨다.
이런저런 간단한 장기 규칙을 알려주시다가 직업을 물어보시길래 현대 미술을 공부하는 대학생이라고 답했다. 자연스럽게 인사를 나눈 다음 헤어졌는데, 몇 분 뒤 어르신께서 나를 다시 찾으셨다.
젊은 학생이 혼자 장기 구경하는 것이 신기하기도 하고 카메라를 들고 뭐 하는 중인지 궁금하기도 해서 밥을 대접하고 싶다고 하셨다.

우리는 공원 앞 식당에 들어가 버섯 전에 막걸리 한 병을 시켜 먹으면서 많은 이야기를 나누었다.

공원 바깥에 있는 노숙자분들은 과거에 학생운동을 하시다가 전과가 생기신 분들이 대부분이라고 했다.

또한 생계와 관련된 사정으로 어쩔 수 없이 성매매를 시작한 할머니도 많으시단다. (어르신은 이분들을 '언니'라는 호칭으로 부르셨다)

탑골 노인들에게 개선이 필요한 점, 그러니까 우리의 시선에서 우리가 그들을 기피하는 이유가 제각각 있지만, 어르신의 이야기를 들으면서 우리가 노인을 기피하는 부분이 단순히 그들 개인만의 문제가 아닌 것 같다는 생각이 들었다.

노인들이 따분하게 정치 이야기를 하고, 길거리에서 욕설을 크게 하는 모습, 계속 돈 얘기하는 모습에 눈길이 찌푸려지기도 하지만, 그건 그들의 삶과 여러 가지 정책, 또는 경제적인 부분이 우리보다 훨씬 직접적으로 연관되어 있어서가 아닐까. 어떻게 보면 당연한 모습이라는 생각이 들었다.

흔쾌히 밥을 대접해 주신 어르신은 이곳의 어른들이 젊은 사람들에게 적대적이지 않다며 탑골을 많이 알려달라고 나에게 부탁하셨다. 탑골의 여름은 특히나 싱그럽다고 탑골의 여름을 꼭 담아달라는 말도 하셨다. 자기가 없을 때도 모르는 것이 있으면 편하게 들어와서 물어보라며 식당 이모에게 나를 소개까지 해주셨다.

5.

몰래몰래 탑골 사진을 찍던 나를 보고는 본인을 멋지게 찍어달라시던 아주머니와 할아버지.
"골목 찍지 말고 여기 이 할아버지 찍어요~"라는 아주머니의 말에 달려가 할아버지의 모습을 카메라에 담았다.
브이 포즈를 취하는 와중에 할아버지가 아니라 오빠라고 불러달라던 할아버지.
〈할아버지의 양심-P. 24〉은 이 대화에서 나오게 된 웃음기 넘치는 시이다.

탑골 공원엔 좋은 분들이 많다. 내가 느끼기론 다들 좋으시다.

우리 엄마는 가끔 나를 보고 탑골에 가서 뭐 함부로 받아먹지 말라며 걱정하신다.
탑골 공원에 작업을 하러 다닌다고 이야기하면 주변에서 다들 위험하지 않냐고, 조심하라는 충고를 해준다.
물론 조심해서 나쁠 건 없지만 다들 인정 많으신 분들이라는

건 확실하다. 그냥 바깥에 모여서 욕 좀 하고 술 좀 먹으면서 장기 두고 노는 할아버지들이다.

낭만있는 탑골.

6.

어쩌다 탑골 소속으로 장기 대회에 나가게 되었다.
평소처럼 어르신들 장기 두는 것을 구경하고 있었는데 누군가 대뜸 명함을 주면서 장기 대회 출전 명단을 눈앞에 내밀었다.

알고 보니 탑골 구역 노인회 회장님이셨다.
눈 깜짝할 사이에 탑골 소속 장기 선수 명단에 내 이름이 적혔다.
장기 잘 못 둔다고, 대회에 나가봤자 내가 할 수 있는 게 없다고 했더니 괜찮다며 머릿수만 채우면 된다고 말씀하셨다.
"탑골 오니까 기분이 어때요, 좋죠?"라고 물으시면서 앞으로 탑골 구역 내 식당에서 바가지를 당하거나 불친절을 목격

하면 바로 전화 달라고도 덧붙이셨다.
자기가 바로 가서 혼내주겠다며 나를 아껴주셨다.

막상 장기 대회에 나갔더니 아무도 나한테 관심이 없었다.
거의 없는 사람 취급을 당했다.
조금 어리둥절했지만, 이런 적절한 무관심도 재미있다.

7.

탑골에도 무서운 구역이 있긴 하다.
공원 쪽이 아니라 송해 거리 근처는 조금 주의할 필요가 있다. 불법 게임방과 숙박 시설이 많기 때문이다. 이 근방에는 불법 전단지들도 많이 붙여져 있다. 내가 탑골에서 개선이 필요하다고 생각한 부분이 바로 이런 것들이었다.
외부인들이 탑골에 와서 이런 불편한 인식을 만들어 버린다.
그래서 〈좋은 게 좋은 거지〉라는 제목으로 작은 프로젝트 작업을 진행했다.
〈좋은 게 좋은 거지〉 프로젝트는 불법 광고물 위에 내가 앞서 작업했던 시들을 스티커로 뽑아서 덮어버리는 작업이었다. 사실 이 작업을 하던 순간이 내 작업 역사상 가장 무서운 순간이었다.
불법 광고물 위에 시를 덧붙이고 있었는데 불법 게임장에서 한 아저씨가 나와 담배를 피우시다가 나에게 말을 거셨다. 처음 보는 아저씨가 나에게 말을 건 것만으로도 신경이 곤두섰는데 마침 타이밍 좋게 지나가던 온몸에 문신을 하신 분이 이 아저씨께 90도로 인사를 했다.

-아가씨 뭐 붙이는 거야?

라고 하는데 솔직히 쫄려서 죽는줄 알았다.

다행히 별일은 없었다. 시를 붙이는 거라고 이야기했더니, 읽어보고 싶은데 글씨가 작아서 안 보인다며 다음엔 더 크게 써 붙이라고 하셨다.

그래서 그다음 주에 당시 아저씨와 나눈 대화를 크게 시로 써서 옆에다가 붙였다.

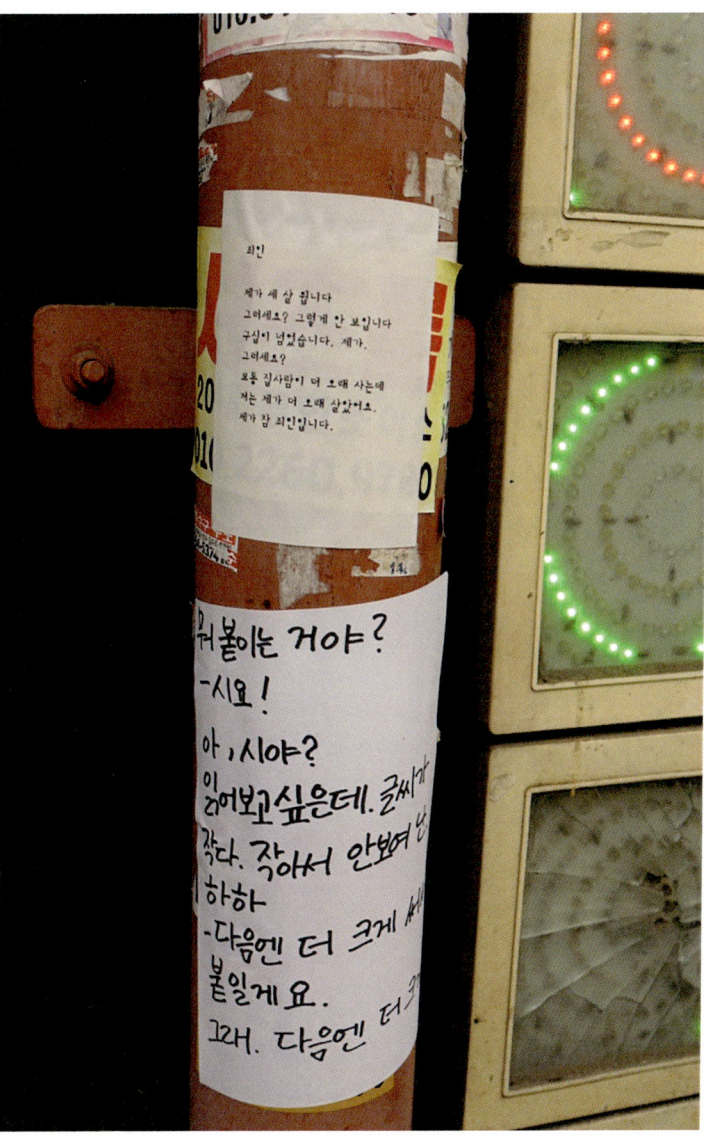

8.

탑골 공원 정자에서 기둥에 기대어 쉬고 있으면 재미난 이야기들을 많이 들을 수 있다.
이곳에서 탄생한 시들은 대부분 귀엽고 따뜻하다.

보통 정자에서는 박스나 신문지를 방석 삼아 앉아 황태를 씹으며 도란도란 말씀을 나눈다.
〈고생을 많이 한 황태-P. 48〉도 이곳에서 탄생한 시다.
황태가 고생을 많이 해서 더 비싸고 맛있다는 이야기를 전해 듣는데 왜인지 황태와 어르신들의 모습이 겹쳐 보였다.

주변 친구들에게 탑골에 가면 마음이 편하다고 종종 이야기한다. 탑골에 가면 위로를 받는다고 이야기하곤 하는데, 내 자존감 지킴이들이 많이 계시기 때문이다.

공원 주변을 어슬렁거리다 보면 '아가씨 참 예쁘다'라는 말을 종종 듣는다. 기분 나쁜 추행이 아니라, 말 그대로 젊은 사람에게 괜히 말 걸고 싶어서 하는 좋은 관심 표현이다.

한 번은 정자에서 말씀 나누시던 할아버지의 지팡이를 주워드린 적이 있었는데 나를 보고 예쁘다며 본인 손자와 중매를 서겠다고 하셨다.

아직 대학생이라고 했더니 학교를 물어보셔서 서울여대에 다닌다고 말씀드렸다. 그랬더니 손자분이 육사 출신이라며 가까워서 좋다고 더 기뻐하셨다.

이런 기가 막힌 우연이 또 없다.

나와 이야기 나누기 전에는 친구분들과 돈 없다~ 돈 없다 노래를 부르시더니, 나보고는 늙어서 돈 쓸 곳도 없다며 커피 사주겠다고 하시는 걸 겨우 말렸다.

마음이 안 찡할 수가 없다.

9.

 어르신들과 같이 장기를 두고 싶어서 연습 중인데 참 어렵다. 나와 장기를 같이 구경하던 어떤 어르신은 일 년째 구경만 하는 중이라고 하셨다. 다들 너무 고수라 함부로 한 수 두기가 무섭다고 하셨다.
한 가지 일을 30일 동안 꾸준히 하면 습관이 되고, 1년을 하면 전문가가 된다는데, 탑골 어르신들은 매일 매일 즐기며 장기를 둔다. 그 세월을 가늠할 수 없다.
그래서인지 다들 실력에 대한 자부심이 장난이 아니다.

"니 오늘은 왜 이렇게 잘하노? 집 가기 전에 나 한번 이기겠네?"

" 아따 많이 컸다~"
"무자게 컸죠"

"한 패는 그냥 줘버리지뭐"
이런 말들을 정말 진지하게 입 밖으로 꺼내신다.

내가 생각하기엔 장기 고수가 아니라 약 올리기 고수들이다. 나는 옆에서 구경만 하는데도 도발을 듣고 가끔 열을 받는다.

앞서 같이 구경하던 분이 장기 고수로 유명하신 어르신을 따로 불러서 가끔 시간이 날 때 나에게 장기를 좀 가르쳐 달라는 부탁을 해주셨다.
그러고선 앞으로 1년만 기다려보라고, 여기 있는 아가씨가 당신들 다 이길 거라며 사람들 앞에서 소리쳐 공표하셨다.

너무 부끄러워서 바로 도망갔다.

장기를 둘 때나 누군가에게 가르쳐 줄 때는 어르신들의 말이 험악해진다. 장기는 원래 혼나면서 배우는 거라고 한다.
장기 수업 도중에는 난생처음 들어보는 특이한 종류의 욕설을 듣기도 하지만 그래도 애정에서 나오는 말인 걸 아니까 괜찮다.

이천 원, 삼천 원이 있으면 탑골에서는 밥 한 끼, 막걸리 한 병을 먹을 수 있다. 공원 바로 앞에서 천 원짜리 꽈배기를 파는데 너무 맛있다.

가격이 저렴한 식당에서는 사람이 많아 자연스럽게 누군가와 합석하게 된다.

합석하며 모르는 사람에게 자연스럽게 흘려듣는 이야기들이 또 재미있다. 각자 살아가는 이야기를 하고 귀 기울여 들으면서 그 사람을 이해하게 된다.

나는 그 짜릿한 순간을 포착해서 시로 기록한다.

탑골에는 길가에 나도는 귀한 시가 참 많다.

10.

나는 매주 탑골 공원에 간다.

탑골 노인들과 관계를 맺으면서 많이 웃기도 하고 위로도 받았다. 시간이 지날수록 이곳 노인들에 대한 애정이 점점 커진다.

한 어르신께서 '장고 끝에 탑골'이라는 말을 알려주셨다. 복잡하게 이유를 찾을 필요 없이 나는 이제 그냥 탑골과 탑골 노인이 좋다.

조금 나이 많은 시집
ⓒ 2024. 김지원서 all rights reserved.

초판 인쇄　　2024년 11월 05일
지은이　　　김지원서
사진　　　　김지원서
펴낸곳　　　맷집출판사
표지 사진　　Getty Images
이메일　　　jiwoncute9799@naver.com
인스타　　　@myway_artistway
ISBN　　　 979-11-989472-0-8 03800

* 책값은 뒤표지에 있습니다.
* 잘못된 책은 구입하신 서점에서 교환해 드립니다.
** 사용된 이미지들은 초상권 동의를 받은 이미지 입니다.
사용을 원하지 않는 이미지를 발견하신 경우, 저자 김지원서에게
연락 주시길 바랍니다.
** 이 책의 판권은 지은이 김지원서에게 있습니다.
이 책의 내용 전부 또는 일부를 사용하기 위해서는 반드시 저작권자의
동의를 받아야 합니다.